eビジネス新書

No.397

週刊東洋経済

ビジネスと人権

SDGsが迫る企業変革

週刊東洋経済 eビジネス新書 No.397

ビジネスと人権

本書は、東洋経済新報社刊『週刊東洋経済』2021年9月25日号より抜粋、加筆修正のうえ制作しています。情報は底本編集当時のものです。(標準読了時間 90分)

ビジネスと人権　目次

・【企業行動と人権】ＳＤＧｓは「人権を重視」……1
・経営者は人権に留意せよ……8
・INTERVIEW「まず企業の実態把握から　国内２７００社にアンケート調査」（門　寛子）……19
・INTERVIEW「日本政府の対応に遅れ　経営の意識改革を急げ」（伊藤和子）……22
・人権対応で遅れる日本企業……24
・サプライチェーンを総点検せよ……30
・ミャンマー進出の落とし穴……37
・【日本企業と外国人労働者】技能実習制度の曲がり角……44
・解決には実習制度廃止しかない……51
・利権まみれの技能実習制度……61
・高額手数料で借金　低賃金や重労働で失踪……71

・「帰国措置」は適切だったのか……………………………………78
・新聞が報じない「偽装留学生」……………………………………85

【企業行動と人権】ガバナンスコードにも明記

SDGsは「人権を重視」

2021年6月に公表された東京証券取引所の「改訂コーポレートガバナンス・コード（企業統治指針）」。上場企業にとって重要な経営指針となる内容に、サステイナビリティーに関する取り組みとして、「人権の尊重」が盛り込まれた。ガバナンスコードに強制力はないが、従わない場合は投資家などへの説明が求められる。

今回の改訂では、地球環境問題への配慮や人権の尊重が「収益機会にもつながる重要な経営課題である」として「積極的・能動的に取り組むよう検討を深めるべき」だと明記した。

グローバル化に伴って企業活動が引き起こす人権問題はしだいに顕在化してきた。開発途上国を中心に、強制労働や児童労働、環境破壊を伴う企業活動は以前からあったが、2000年代に入ると、企業の社会的責任が強く問われるようになった。2011年の国連人権理事会の決議において、「ビジネスと人権に関する指導原則」が全会一致で支持された。

15年に国連で採択されたSDGs（持続可能な開発目標）にもその思想は盛り込まれている。企業の成長に必要な3つの観点であるESG（環境・社会・企業統治）でも、Sの柱の1つが人権擁護である。欧米では投資家にとってすでに「人権」が、重要な判断基準になりつつある。

日本において国連の指導原則を実際の取り組みにつなげる施策は欧米と比べると遅かったが、20年10月に進展があった。日本政府が「『ビジネスと人権』に関する行動計画」を策定し、政府の今後の取り組みなどを示した。同時に企業に対し、「政府からの期待表明」という形で、国連の指導原則に沿って対応するよう求めている。

では企業は人権に関し、どんな取り組みをすればいいのだろうか。

国連の指導原則は、企業には「人権を尊重する責任」があるとしており、以下の3つの事柄を求めている。
・人権方針の策定
・人権デューデリジェンスの実施
・苦情処理メカニズムの構築

1つ目の「人権方針の策定」とは、人権を尊重する責任を果たすというコミットメントを企業が方針として発信することだ。

その方針策定には5つの要件がある。
①企業のトップが承認していること
②社の内外から専門的な助言を得ていること
③従業員や取引先および、製品やサービスなどに直接関与する関係者に対する人権配慮への期待を明記すること
④一般公開され、すべての従業員や取引先、出資者、そのほかの関係者に向けて周知されていること

⑤企業全体の事業方針や手続きに反映されていること

つまり企業トップが方針の策定に関与し、自社の企業活動に関わるすべての人に対し人権への配慮をするようにして、内容が周知されている必要があるのだ。抽象的な目標ではなく、具体的な手続きに落とし込まれていることも求められる。

継続的な人権デューデリ

2つ目の「人権デューデリジェンス」は、耳慣れない言葉だが、事業活動で生じる人権侵害のリスクを企業が把握し、予防策や軽減策を講じることを指している。デューデリジェンスとは、M&A（合併・買収）でよく知られているように、あらゆる観点から事業リスクを調査すること。人権の観点から問題点を把握し、またその解消に努めるのが人権デューデリジェンスだ。

一連の流れを示すと、「人権への悪影響の特定」→「その悪影響の予防・軽減」→「対応が有効だったか確認するための追跡調査」→「情報発信と外部とのコミュニケーション」になる。

人権デューデリジェンスは、直接取引先だけでなく、原料や部品を調達する2次以降の取引先も含めたサプライチェーン全体が対象になる。人権侵害の事例としては、児童労働や強制労働、不合理な低賃金、ハラスメント、性別や人種などによる差別といったさまざまなものが想定できる。

人権デューデリジェンスはサプライチェーンの全体に

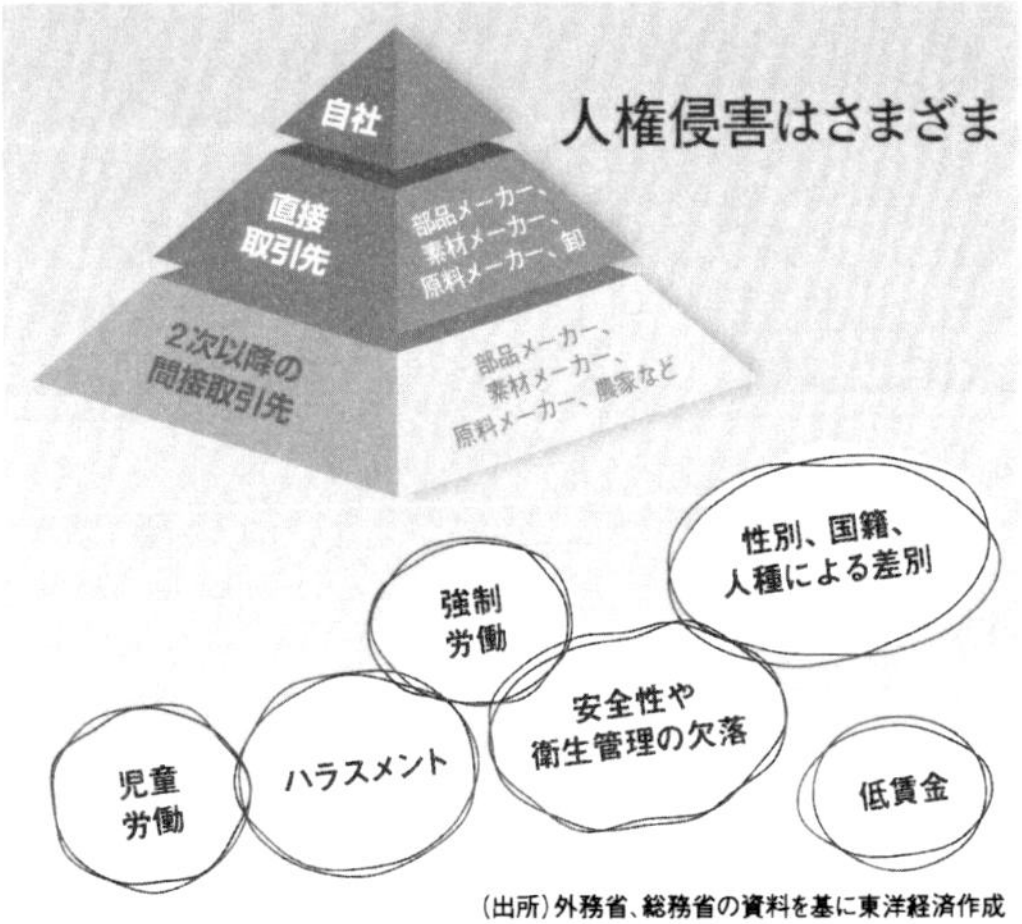

（出所）外務省、総務省の資料を基に東洋経済作成

3つ目の「苦情処理メカニズムの構築」とは、人権侵害が生じたとき、実効的な救済を受けられるように救済制度へのアクセスが保証されることを指している。従業員、取引先、顧客、地域社会など、あらゆる当事者にとってアクセス可能な仕組みが前提だ。

日本企業は欧米企業と比べると人権デューデリジェンスへの取り組みは緒に就いたばかり。とりわけサプライチェーン上でのリスクについて積極的に対応している企業は少数にとどまる。一部の日本企業は脱炭素への取り組みの遅れをNGO（非政府組織）などに指摘され、投資家への説明に追われた。人権への取り組みで同じ轍を踏まないよう、早急な対応が必要だ。

（長谷川　隆）

経営者は人権に留意せよ

弁護士・蔵元左近

企業の経済活動が拡大し、サプライチェーンが世界に張り巡らされた現在、企業経営において、自社の事業が国内外の人権に引き起こす影響を認識しないことは、重大な経営リスクとなる。一方で、経営陣が人権の重要性を認識して適切に対応することができれば、企業価値の向上を実現できる。

日本において、ここ数年、ＳＤＧｓ（持続可能な開発目標）経営の広がりと、ＥＳＧ（環境・社会・企業統治）投資の拡大は顕著である。並行して、日本企業は、米中対立を中心とする地政学的リスクに直面している。メディアでは、米国につくか、中国につくかという「デカップリング」論が声高に唱えられている。

しかし、米国経済と緊密な関係を有しながらも、アジアで生き続けなければならない日本企業からすれば、一方にくみして、一方を切り捨てる選択が不可能なことは、多くの企業経営者の共通の考えであると筆者は理解している。

欧米諸国において、人権をめぐる課題についての法制化が着実に進展している。世界金融危機を契機に、米国で金融規制改革法（ドッド・フランク法）に基づく紛争鉱物規則が施行されて以来、企業のサプライチェーン上の人権侵害を防止する目的で、英現代奴隷法などの法律が欧米諸国で続々と成立している。

■人権をめぐる欧米諸国の法規制

施行時期	法令名	内容
2010年（SEC規則は12年）	**米金融規制改革法**（ドッド・フランク法）第1502条	米国の上場企業に、紛争鉱物の有無について調達先の精錬所・精製所まで調査し、米証券取引委員会（SEC）に報告することを義務づけ
12年	**米カリフォルニア州サプライチェーン透明法**	カリフォルニア州で活動する一定規模以上の企業に、強制労働を防ぐ措置を公表することを義務づけ
15年	**英現代奴隷法**	英国で活動する一定規模以上の企業に、強制労働を防ぐ措置を公表することを義務づけ
16年	**米貿易円滑化・貿易執行法**（関税法を改正）	強制労働によって採掘・生産された製品の米国への輸入を禁止
17年	**フランス注意義務法**	フランスで活動する一定規模以上の企業に、自社・サプライチェーンの人権・環境への影響について調査することなどを義務づけ

このほかに、EUが紛争鉱物の禁止や人権・環境のデューデリジェンスの義務づけ、オーストラリアが奴隷労働の禁止、オランダが児童労働の禁止、ノルウェーがサプライチェーンでの人権保護、ドイツが人権・環境の保護のため、法律を施行済みか施行予定

（出所）筆者作成

欧米の法制化の進展

欧米諸国と異なり、日本では人権侵害の防止を目的とするこうした法制化はまだ行われていない。その理由の1つには、国内と国外の人権感覚のギャップがあるのだろう。だが国際的な潮流を踏まえると、企業においても人権を守るためのルール作りとその適切な実行はもはや避けられない。

2016年に施行された米国の貿易円滑化・貿易執行法は、強制労働によって採掘・生産された製品の米国への輸入を禁止する法律である。米政府は現在まで同法を積極的に執行しており、21年1月にはユニクロ（ファーストリテイリング）の新疆綿を用いた衣料が輸入差し止めとなったことが広く報道された。筆者は制定直後から、リスク管理における同法の重要性を繰り返し指摘してきたが、残念ながら予測が的中した。

オランダでは児童労働デューデリジェンス法が成立し、罰金の上限を年間売上高の10%とする懲罰性の強い法律が導入されている。EU（欧州連合）域内では、事業を行う企業に人権・環境デューデリジェンスの実施などを義務づけるEU法が準備されている（21年～22年に成立する可能性がある）。

こうした動きに、日本企業も十分な準備・対応を行うことが必要である。日本でも企業のサプライチェーン上の人権侵害を防止する目的の法律を制定すべきだという議論がなされており、近い将来、法律が成立する可能性があると考えられる。

欧米で制定されている法律のベースとなっているのは、各国政府や国際企業、NGO（非政府組織）の間の議論を経て、2011年の国連人権理事会で採択された、「ビジネスと人権に関する指導原則」である。

この指導原則は国際条約のような法的効力を有してはいないが、議論の経緯と、バランスの取れた内容、さらには、国連人権理事会において全会一致で採択されたという権威性から、各国の政策・法令のベースとなっており、最も重要な国際文書と評価されている。指導原則では、企業に対し、①人権方針の策定、②人権デューデリジェンスの実施・運用、③人権侵害を救済するためのメカニズム（苦情処理・問題解決制度）の構築・運用が要請されている。

この3要素は、20年策定された日本政府の「『ビジネスと人権』に関する行動計画

（2020〜25）」でも、「政府から企業への期待表明」として明示されている。

企業にとっては、②の「人権デューデリジェンス」（人権へのマイナスの影響を特定・防止・軽減する措置）が、人権侵害を防止するためにとくに重要である。

ここでいう「人権デューデリジェンス」は、M&A（合併・買収）で行うような1回限りの手続きではなく、継続的な取り組みを意味する。企業としては、労働者、労働組合、NGO、現地住民などのステークホルダーとの対話・協働を行いつつ、方針の策定から開示に至る一連のプロセス（PDCA）を繰り返し実施することが求められる。

サプライヤーに対して現地調査を行う際は、独立の専門家のサポートを得ながら緻密な調査を行ったうえで、強制労働の存在が認められる場合には、最終手段として、サプライヤーとの関係解消も選択肢として検討する必要がある。

また、③の「救済メカニズム（苦情処理・問題解決制度）」では、独立の専門家が関与して、企業・通報者間の対話が行われるなど、従来のコンプライアンス通報制度以上の内容の制度を構築・運用する必要がある。

人権戦略の再検討を

以上に述べてきたように、日本企業の経営陣は、重大な経営リスク・機会としての「人権」に備えることが急務である。経営陣には、企業経営におけるほかの課題と同じく俯瞰した視点で、前向きな対策を取ることが求められる。つまり、紛争が起きてから事後的に解決を図るのではなく、事前にリスクをチェックして紛争を防止するとともに人権を守る姿勢である。

日頃から、ＳＤＧｓやＥＳＧへの取り組み、ビジネスと人権の分野において日本企業をサポートしている専門家として、いくつか助言を行いたい。

まず、米中対立を中心とする地政学的リスク、例えばウイグル、ミャンマー、香港などの問題に対して、各企業が独力で対応することは困難な場合が少なくない。そこで、業界団体や複数の企業で対応するほか、日本政府やＪＥＴＲＯ（日本貿易振興機構）に支援を要請し、緊密に連携して、外国政府・国際機関への働きかけを行うことを勧める。

次に、自社グループのサプライチェーン戦略も再検討すべきである。その際は、「温故知新」として、例えば、米ソ冷戦下の自社の事業運営を振り返りながら、効果的な対策を練ることが重要である。具体策として、欧米向けと中国向けにサプライチェーンを二分割することもありうると考える。

さらに、ここ数年、海外ファンドのアクティビストが日本企業に投資する動きが広がっているが、２０２２年以降、海外のアクティビストが日本企業を標的にアクションを起こす動きが強まると考えられる。その際、アクティビストは欧米諸国で行っているように、人権や環境などのＥＳＧ課題を錦の御旗にして、機関投資家やＮＧＯの賛同を得つつ日本企業に対してアクションを起こしてくると考えられる。

日本企業は、２１年に改訂されたコーポレートガバナンス・コードや、スチュワードシップ・コード、「投資家と企業の対話ガイドライン」を羅針盤として、企業の人権の尊重、従業員の健康・労働環境への配慮や公正・適切な処遇、取引先との公正・適正な取引、中核人材における多様性の確保に向けた数値目標の設定など、適切な準備・対応を早期に行う必要がある。また、日本企業としては、メディアや機関投資家に対して戦略的な広報・情報開示を行うことも重要である。

NGOとの対話が必要

加えて、日本企業に欠けていることとして、NGOとの対話を指摘しておきたい。とくに国際NGOは各国で大きな影響力を有している。近時、欧州の複数のNGOが欧州議会の議員と連動して、日系大手アパレル企業を含む複数の国際企業を告発し、これによりフランスの検察当局が捜査を開始した例は、国際NGOの影響力の大きさを物語っている。

米国企業においては、投資ファンドやNGOから、人権についてさまざまな株主提案が行われている。米アップルの20年の株主総会では、表現の自由や情報へのアクセスに関する会社方針を報告することを求める提案がなされ、4割もの賛成を集めた。企業にとって、人権などのESGに関する経営課題をキーワードにした社外との対話が欠かせないことを示している。

米国企業の株主提案に見る人権リスク

—人権リスクへの対応を問う株主提案が行われている—

社名	年	提案内容	賛成比率
アルファベット（グーグル）	2021	**取締役会に人権問題の専門家を指名するように求める** 背景 YouTubeなどのコンテンツ上で人種差別やヘイトスピーチ、プライバシー侵害などの人権侵害を引き起こしたり、それに寄与したりすることを回避する戦略策定のため	10.28%
アマゾン	2021	**独立した第三者機関による顧客デューデリジェンスのプロセスを評価した報告書を求める** 背景 顔認識のAI技術を用いたサービスや家庭用ドローンなどの製品が、顧客の使用目的により、有色人種差別などの人権侵害に寄与する可能性があるため	34.79%
アップル	2020	**表現の自由や情報へのアクセスに関する会社方針を毎年株主に報告するように求める** 背景 表現の自由や情報へのアクセスを抑制する中国政府の要求にアップルが応じている可能性があるため	40.64%
クローガー（小売り）	2020	**サプライチェーン上の人権デューデリジェンスのプロセスに関する調査報告書の作成を求める** 背景 サプライチェーンにおける児童・強制労働の発覚で社会的評価を下げる可能性があり、そのような人権侵害リスクを把握・改善するため	44.70%
リア（車載部品メーカー）	2020	**バリューチェーン上の事業活動に関わる人権影響評価の結果を報告するように求める** 背景 法制度が整っていない、また労働者の立場が弱い国・地域でのビジネスには、重大な人権リスクの可能性があるため	44.32%

（出所）各社の米証券取引委員会への提出資料を基に東洋経済作成

さらに、日本企業の経営陣に対しては、サステイナビリティー経営の推進を求める改訂コーポレートガバナンス・コードに従って、ESGに関する知見と経験が豊富な専門家を独立社外取締役として招聘し、取締役会・監督側と経営・執行側の双方にサステイナビリティー委員会を設置するなど、サステイナビリティー経営の推進を可能とする社内体制を早期に整えることを勧めたい。

以上の対策により、日本企業としては、重大な経営リスク・機会としての「人権」への十分な備えが可能になると考える。

蔵元左近（くらもと・さこん）
米NY州弁護士資格も持つ。ESG、SDGs、「ビジネスと人権」に詳しい。第6回「新日本法規財団奨励賞」優秀賞を受賞。

「まず企業の実態把握から　国内2700社にアンケート調査」

経済産業省　通商戦略室長兼ビジネス・人権政策　調整室長・門　寛子

ビジネスと人権をめぐっては欧米が先鞭をつける形で法制化が進む。日本政府はどう対応するのか。経済産業省の担当官に聞いた。

欧米を中心にビジネスと人権に関係する法律が制定されており、状況は急速に変化している。企業は、自社事業の人権侵害リスクを評価・特定し、予防的措置を講じるなどの対応が必要だ。対応できない企業はグローバルサプライチェーンから切り離されてしまうリスクを負うことになる。こうしたリスクは、投資家との関係でも同じだ。人権問題への対応や取り組みの開示が不十分であれば、投資の引き揚げが起きうる。

2021年6月、ドイツでサプライチェーン法が成立したことも日本企業にとって大きな意味を持つ。日本には、ドイツ企業と取引のある自動車関連企業が多く、そうした企業から相談を受けた。

基本的な考え方として、企業に対して潔白であることを求めているわけではない。問題が起きたら即終わり、ではなく、問題を一緒に解決しましょうと関与していくことが重要だ。ある国内大企業は、人権対応ができない会社とは取引をやめ、代わりに海外企業と取引することもありうると言っていた。人権リスクへの対応は企業がグローバルに戦っていくために必要な要素だ。

人権に関わる取り組みをどこまでやるのか。企業や部門によってもさまざまな意見があることは承知している。そのため、外務省と共同で主要企業2700社に対してアンケート調査を行い、21年秋までに結果を公表する予定だ。それを踏まえて今後の政策を検討したい。

（構成・大塚隆史、兵頭輝夏）

門　寛子（かど・ひろこ）

2004年経済産業省入省、20年通商戦略室長。ビジネス・人権政策調整室は21年7月に設置された。

INTERVIEW

「日本政府の対応に遅れ　経営の意識改革を急げ」

ヒューマンライツ・ナウ事務局長　弁護士・伊藤和子

日本政府や日本企業はどんな取り組みを求められるのか。国際NGOの視点を尋ねた。

2015年にドイツでのG7サミット（主要7カ国首脳会議）でビジネスと人権の問題に取り組む必要性が確認されたにもかかわらず、日本政府の対応が遅れてしまったのではないか。諸外国では法律が制定されているが、日本ではそこまでは至っていない。今後は法規制していくことも必要だ。企業には経営陣の意識改革が求められる。ESG（環境・社会・企業統治）の流れも踏まえ、ビジネスの本質的な問題として人権問題を捉えなければならない。

日本では問題が見つかれば、たたかれる風潮があるが、問題点を見つけて前向きに改善につなげる企業をポジティブに評価する文化をつくっていく必要がある。でなければ、悪いことは隠そう、ということになってしまう。

立派な人権方針を掲げていても実現の仕組みがなければ、ただの願望を書いているにすぎない。どんな取り組みをしているのか、透明性を確保することが重要であり、実施状況を社会や株主に示すことが大切だ。「方針倒れ」で実態が伴わないのは「グリーンウォッシュ（見せかけの環境対策）」と同じであり、消費者、社会に対して不誠実である。

日本企業は中国の新疆ウイグル自治区と関わっている。だが取引関係を明らかにしていない企業もあるし、「きちんと対応している」と言うのみで透明性を持った説明をしていない企業もある。現地調査ができない限り、企業も責任ある態度は取れない。場合によっては撤退も視野に議論するべきだ。

（構成・大塚隆史、兵頭輝夏）

伊藤和子（いとう・かずこ）
日本を本拠とする国際人権NGOの事務局長。ビジネス領域だけでなく、女性、マイノリティーなどの人権擁護にも取り組む。

人権対応で遅れる日本企業

日本企業の人権を守る取り組みは不十分――。国際的な人権NGO（非政府組織）が世界の有力企業を対象にしたランキングで、日本企業の多くが平均スコアを下回っている。「ビジネスと人権」で、官民ともに動きの鈍い日本の姿が浮き彫りになっている。

国連のSDGｓ（持続可能な開発目標）を推進するNGOの「ワールド・ベンチマーキング・アライアンス（WBA）」が、人権格付け「CHRB（Corporate Human Rights Benchmark：企業人権ベンチマーク）」をまとめている。

ランキングは、①ガバナンスと方針によるコミットメント、②人権尊重と人権デューデリジェンスの組み込み、③救済と苦情処理メカニズム、など6つの分野で評価する。自動車産業を評価対象にしたのは2020年が初めてで6分野のすべての項目で評価を行ったが、農産物、アパレル、資源開発、情報通信技術の4業種は、コロナ禍もあって簡便な方法で評価した。

自動車ではグローバル30社のうち日本企業は7社が対象。ホンダ、マツダの2社は自動車業界の平均をかろうじて上回ったが、トヨタ自動車、SUBARU、三菱自動車、日産自動車、スズキは平均を下回った。日本企業トップのホンダも世界では9位にとどまった。CHRBは、世界においても自動車業界全体がほかの業種と比べサプライチェーンの管理が不十分で、強制労働や児童労働についての開示が足りないと指摘している。

農産物ではグローバル57社のうち、日本企業は6社が対象で、イオン、キリンホールディングス、アサヒグループホールディングスの3社が平均を上回った。順位は日本企業トップのイオンが21位、キリンが23位、アサヒが25位で、日本企業の順位は総じて低い。

情報通信技術では、日本企業10社のうち、グローバル44社の平均を上回ったのはソニーグループ、日立製作所、東京エレクトロン、キヤノンの4社だけ。日本企業トップのソニーグループも順位は13位で、決して高くはない。

資源開発では日本企業は3社。ENEOSホールディングス、INPEX、日本製鉄のいずれもグローバル57社の平均を下回り、30～40位台と低位だった。

アパレルでは、ファーストリテイリングがグローバル53社のうち4位、イオンが14位だった。

人権への配慮 平均以下に日本企業がずらり

CHRBのランキング（日本企業）

(Corporate Human Rights Benchmark)

自動車（7社）

順位	企業名	スコア
9位	ホンダ	14.2
10位	マツダ	14.0
12位	トヨタ自動車	11.6
15位	SUBARU	10.1
16位	三菱自動車	8.9
18位	日産自動車	8.3
21位	スズキ	5.9

グローバル30社の平均は11.9

農産物（6社）

順位	企業名	スコア
21位	イオン	13.5
23位	キリンホールディングス	12.0
25位	アサヒグループホールディングス	10.5
39位	サントリー食品インターナショナル	5.5
41位	セブン&アイ・ホールディングス	5.0
45位	ファミリーマート	4.5

グローバル57社の平均は10.3

情報通信技術（10社）

順位	企業名	スコア
13位	ソニーグループ	9.5
16位	日立製作所	8.5
16位	東京エレクトロン	8.5
19位	キヤノン	8.0
23位	パナソニック	6.5
27位	村田製作所	5.5
27位	任天堂	5.5
40位	HOYA	2.5
40位	京セラ	2.5
43位	キーエンス	1.0

グローバル44社の平均は7.9

資源開発（3社）

順位	企業名	スコア
34位	ENEOSホールディングス	7.0
39位	INPEX	5.0
49位	日本製鉄	2.5

グローバル57社の平均は10.2

アパレル（2社）

順位	企業名	スコア
4位	ファーストリテイリング	19.5
14位	イオン	13.5

グローバル63社の平均は9.0

(注)2020年公表

KnowTheChain 強制労働への対応ランキング（日本企業）

情報通信技術（9社）

順位	企業名	スコア
17位	ソニーグループ	36
25位	日立製作所	27
28位	任天堂	23
33位	東京エレクトロン	16
36位	キヤノン	14
38位	パナソニック	13
38位	HOYA	13
40位	京セラ	10
45位	キーエンス	6

グローバル49社の平均は30

食品・飲料（3社）

順位	企業名	スコア
26位	セブン&アイ・ホールディングス	22
31位	イオン	17
38位	サントリー食品インターナショナル	8

グローバル43社の平均は28

アパレル・フットウェア（2社）

順位	企業名	スコア
12位	ファーストリテイリング	52
16位	アシックス	49

グローバル37社の平均は41

(注)2020年公表

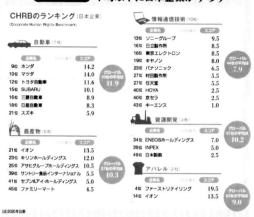

強制労働対策でも低評価

サプライチェーン上での強制労働対策の調査を行うNGO「Know The Chain（ノウ・ザ・チェーン）」のまとめでも日本企業への評価は総じて低い。CHRBとの違いは強制労働にフォーカスしていることだ。

情報通信技術では、日本企業は9社が評価対象で、グローバル49社の平均を上回ったのは17位のソニーグループだけ。日立製作所、任天堂、東京エレクトロン、キヤノン、パナソニック、HOYA、京セラ、キーエンスは、低位にとどまる。

食品・飲料では日本企業はグローバル43社のうち、セブン&アイ・ホールディングス、イオン、サントリー食品インターナショナルの3社で、いずれも業界平均を下回り、低位になった。

アパレル・フットウェアでは、グローバル37社の中で日本企業はファーストリテイリング、アシックスの2社でいずれも業界平均を上回り、12位と16位だった。

ノウ・ザ・チェーンの報告書作成に携わった、「ビジネスと人権リソースセンター」

の日本リサーチャー・代表の佐藤暁子弁護士は、「日本企業は、方針の策定と人権に対するコミットメントを示すという最初のステップは比較的進んでいるが、情報開示によるトレーサビリティー（追跡性）の確保や労働者の声を聴くという点については改善の余地がある。現場に近いＮＧＯからの情報を企業は十分に活用してほしい」と話している。

（長谷川　隆）

サプライチェーンを総点検せよ

外務省は2021年9月6日、「ビジネスと人権」に関する国内企業17社の取り組み事例を公表した。取り上げられているのは経団連などの推薦を受けた企業で、「選ばれし優等生」といえる。味の素もその1社だ。ただ、味の素がそこに至るまでには紆余曲折があった。

サプライチェーン上の人権リスクに味の素が本格的に直面したのは2014年のことだった。タイの水産業における移民労働者の劣悪な労働環境を英ガーディアン紙が報道。人身売買によって連れてこられた労働者が、船上で長期間の無給労働を強いられていたことが明るみに出た。中には暴力を受け殺害されるケースすらあった。

この事態を受けてEU（欧州連合）は、域内への水産物輸出の禁止も示唆する強い態度でタイ政府に改善を求めた。スーパー大手のテスコなど英国企業10社が共同で対応を図るなど足並みをそろえた。

一方の日本では、改善を促すような動きはなかった。タイからエビを調達していた味の素もそうだ。一連の報道では、問題となった労働現場で捕られた魚が養殖エビの餌に用いられていたことで、「タイ産エビの安さの理由は奴隷労働にあった」と指摘されていた。だが、「1社ではどう取り組めばいいのか、正直アイデアが浮かばなかった」と、サステナビリティ推進部の中尾洋三氏は振り返る。

リスク把握に乗り出す

それから2年後の2016年。タイ産鶏肉のサプライチェーンにおける強制労働が発覚した。問題が起きたのは、味の素の取引先であるベタグロ社の契約する養鶏場だった。そこで人権侵害が起こっていることをフィンランドのNGOの情報で把握したのだ。別のNGOによる後の調査では、養鶏場では身分証明書の没収や移動の制限、長時間・低賃金の労働など、強制労働の実態があった。

　味の素は現地と連絡を取り、ベタグロ社がすでに当該養鶏場と契約解除したことを確認した。ただ、問題が発覚した1社と契約解除しても根本的な解決にはならない。加えて、サプライチェーン上の人権リスクはタイに限ったものでもない。そのため有識者やNGOとの対話を行いつつ課題の把握を進めることにした。

　まずサプライチェーン上で人権リスクの可能性がある地域を洗い出した。タイ同様にブラジルも候補として挙がったが、先にリスクが顕在化していたタイのエビ、鶏肉の加工業者に調査対象を絞った。そして19年に現地調査を実施。日本企業のサプライチェーンの課題解決に取り組むNGOのASSC（アスク）の協力の下、第三者の視点も取り入れた報告書を作成・公表した。

　時間やコストのかかる現地調査にまで踏み切った背景には、企業価値の長期的な向上につながるという経営判断があった。

「15年ごろを境に、ダウ・ジョーンズ・サステナビリティ・インデックス（DJSI）などへの銘柄選定に関連するアンケートで、人権に関する質問項目が急に増えた」

と中尾氏は話す。ＤＪＳＩはＥＳＧ（環境・社会・企業統治）投資における代表的な国際指標だ。そこでの評価は、株価だけでなく自社ブランドの価値の向上にもつながる。

調査で業務負荷がかかる社内部署の説得は容易ではなかった。しかし、経営トップが強い意志で取り組む姿勢を示し、時には中尾氏がＮＧＯのリポートを見せて「調査をしないとこんなリスクがある」と説いて回った。

問題が指摘されていたベタグロ社は、欧米企業からの要求に応える形で改善に取り組んだ。欧州の取引先企業の要請を受け、従業員のＳＯＳの声を拾えるように、国際ＮＧＯが提供する相談アプリを導入し、リスク把握に努めている。

投資家の働きかけも

日用品メーカーの花王も、サプライチェーン上の人権リスクの把握を進める1社だ。2021年8月には、取引先と人権・環境面に関するリスク確認を行うことや、第三者監査を実施することなどを定めたガイドラインを公表した。

15年に人権方針を策定、公表した。海外同業他社に対するNGOの働きかけや、企業に人権配慮を求める欧州での法制化の動きを受け、人権リスクの低減に向けた具体的対応を取り始めた。30年までには委託先を含めてサプライチェーン上での「人権デューデリジェンス」の実施率を100％にする、との目標を掲げる。

とくに注力するのが、シャンプーや化粧品など、多くの日用品に使用されるパーム油だ。農園開発に伴う森林破壊や土地収奪、強制労働や児童労働などが指摘されており、「社会問題のデパート」と評する識者もいる。

農園での収穫から搾油、精製、加工と、パーム油は製品化までの工程に関わる当事者が多い。だが花王は20年に搾油工場723カ所を特定、所在地などを記したリストをウェブ上で公開した。サプライチェーンの最上流に位置する小規模パーム農園については、現状では60％まで進んでいる特定を25年には完了する計画だ。

購買部門の山口進可氏は、「1つの農園で人権侵害が起きれば、全体に大きな影響を及ぼす。事業継続のためにも、すべての工程で人権リスクを確認し、手を打つことが重要」と話す。

日本企業に人権リスクへの対応を促す国内投資家も出てきた。

「英国の現代奴隷法をはじめ、欧米は人権問題への取り組みを企業に義務づける流れにある。問題に取り組むとコストも必要となるので、取り組まない企業との間で収益に差が生まれる。対等な競争環境を保つという意味でも、欧米が日本企業に対応を求めてくる可能性は高い」。そう予測するのは、りそなアセットマネジメント責任投資部長の松原稔氏だ。

同社はESG投資に力を入れており、松原氏を含む責任投資部では年間250～300社と連絡を取り対話を重ねる。環境や人権に配慮した「認証パーム油」の調達に対する理解促進や方針策定を投資先企業に働きかけている。

対話はスーパーやコンビニなど消費者に近い小売企業から開始した。当初は「小売りの上流であるメーカー側の問題だ」（松原氏）という反応だったが、徐々に意識が変わっていったという。今は小売り側の要望に応える形でメーカーが認証パーム油を購入、使用する例も出てきた。松原氏らは現在、マレーシアの大手パーム農園やパーム油業者の資金源である東南アジア各国の銀行にも働きかけを行っている。

「達成すべき数値目標」のある環境問題と異なり、人権問題には終わりがない。しかも問題は起こって当然で、「企業に求められるのは、問題発生時にすぐ対応できる仕組みを準備しているか」（中尾氏）どうかだ。

事業活動を継続する以上、人権方針の策定だけで満足したり、一度の調査で終わらせたりすることなく、継続的に取り組むことが必要になる。

（兵頭輝夏）

ミャンマー進出の落とし穴

国軍による市民の弾圧が続くミャンマーで、現地に進出した日本企業の業績悪化や事業の中断が相次いでいる。

キリンホールディングスは2021年度第2四半期決算において、ミャンマーで展開するビール事業に関して214億円の減損損失を計上した。2月1日に発生した軍事クーデターと、その後の新型コロナウイルスの感染拡大により経済がマヒ。カントリーリスクの急拡大に見舞われ、15年のM&A時に計上した、のれんの減損に追い込まれた。

新型コロナとともにダメージを与えたのが不買運動の広がりだ。キリンがミャンマーで展開するビジネスは国軍系企業との合弁事業。都市部を中心にボイコット運動が広がり、ビール製品の売り上げが落ち込んだ。クーデターを機に、キリンは国軍系企業との資本提携を解消する方針を打ち出したものの協議は難航し、出口が見えない。

国軍系企業と密接な関係

キリンにとっての誤算は、国軍系企業との関係が人権リスクの増大につながっていることにある。

現地シェア8割のミャンマー・ブルワリーなど、キリンがミャンマーで有する2つのビール会社の合弁相手先は国軍系企業のミャンマー・エコノミック・ホールディングス（MEHL）。2つのビール会社にはキリンが51％、MEHLが49％を出資している。

ミャンマー国軍による少数民族ロヒンギャへの人権侵害をきっかけとして、国軍系企業のビジネスの実態を調査した国連の報告書（19年8月）によれば、MEHLの経営は国軍が握っており、クーデターの首謀者であるミン・アウン・フライン司令官が「パトロングループ」の会長を務めていた。

また、国際人権NGO（非政府組織）のアムネスティ・インターナショナルが入手した同社の内部資料によれば、MEHLの株式のすべてを現役および退役の将校、連隊や部隊、退役軍人が所有していたという。

キリンのミャンマービジネスで人権リスクが浮上したのは17年。アムネスティがミン・アウン・フライン司令官のフェイスブックの内容を確認したうえで、ビール会社による国軍への寄付が人権侵害に利用されていたと指摘した。

アムネスティによれば、17年9月の首都ネピドーでの国軍の式典で、ミン・アウン・フライン司令官が「（ミャンマー・ブルワリーからの）寄付の一部はラカイン州北部に展開する治安部隊員や州職員に渡るだろう」と述べたという。同社による寄付が行われた当時、ラカイン州では国軍によるロヒンギャの殺害が続いており、数十万人もの難民が発生していた。

キリンはアムネスティの指摘を受けて調査したものの、真相を究明できなかったという。17年9月のミャンマー・ブルワリーによる6000ドルの寄付については「人道支援が目的であり、MEHLからの要請によりラカイン州政府に送金されたが、本来意図していたとおりに使用されたかは確認できていない」（キリン広報）。

その後の20年11月、「配当が国軍の利益につながっている」とのアムネスティの指摘を受けてキリンはビール会社からの配当の支払いを停止。21年2月にクーデターが勃発した。

もっとも、キリンのように事業見直しを決断した企業はまれだ。多くの企業は今後の方針を決めることすらできていない。


「日本企業や金融機関は事業から手を引くべきだ」


メコン・ウォッチなどの4つのNGOは7月15日、都内で記者会見を開き、最大都市ヤンゴンの中心部で進められている大規模複合不動産開発「Yコンプレックス」事業について、「事業継続がミャンマー国軍を利することになる」として事業撤退を求めた。

Yコンプレックス事業では中堅ゼネコンのフジタ、東京建物および国土交通省が所管する官民ファンド「海外交通・都市開発事業支援機構（ＪＯＩＮ）」が、ミャンマーで現地企業と合弁会社を設立。高級ホテルやサービスアパートメントなどが入居する複合ビルを建設し、ホテルオークラが運営を受託する取り決めとなっている。総事業費は３億３２５０万ドルに上り、国際協力銀行、みずほ銀行、三井住友銀行が協調融資する。しかし、建設工事はクーデターが勃発した2月に中断した。

国軍へ資金流出の疑い

市民団体がＹコンプレックス事業を問題視しているのは、軍事博物館跡地で事業が計画されており、合弁相手先のミャンマー企業が兵站総局との間で土地の賃貸借契約を結んでいるためだ。

フジタなどは東洋経済の取材に対して「合弁相手であるミャンマー企業は当該の土地を、ミャンマー国政府の一機関である国防省から借り受けているが、最終的な受益者はミャンマー国政府であると認識している」と回答した。

しかし、この説明には疑問点がある。ミャンマーの憲法では国防相の任命権は国軍司令官にあり、政府がコントロールできないためだ。また、国防省には政府による監査が入らない。

4月20日の衆議院財務金融委員会。立憲民主党の桜井周議員から土地の賃料の行方について問われたJOINの武貞達彦社長は、「政府内部で適切に管理されていたと聞いている」と回答した。しかし、桜井議員からその根拠について問われると「ミャンマー政府との直接の契約はないので、書類での確認は取っていない」と答弁はあやふやになった。

市民団体がYコンプレックス事業を問題視する理由の1つとして、人権デューデリジェンスの甘さがある。国際協力銀行は取材に対して「個別案件の詳細は回答を控える」としたうえで、「融資承諾前の審査の過程で当行の環境社会配慮ガイドラインに基づき、環境社会配慮確認の国際的な基準である国際金融公社（IFC）のパフォーマンススタンダードなどとの適合性を確認したうえで融資の決定を行っている」と答えた。

ただ、3月5日に開催された財務省とNGOとの定期協議の場における説明とは微妙なずれがある。協議に出席した国際協力銀行の担当者は賃料の支払先について、「環境社会配慮ガイドラインに基づく確認の対象外であると認識している」と説明しているのだ。

なお、みずほ銀行や三井住友銀行は「個別案件についての回答は差し控える」としている。

国際協力銀行、みずほ銀行、三井住友銀行がYコンプレックス事業について1億4400万ドルに上る協調融資契約を締結したのは18年12月。当時、国軍によるロヒンギャへの弾圧は激しさを増しており、米国をはじめ国際社会の批判は高まっていた。

そうしたさなかにアクセルを踏んだことに問題はなかったのか。日本企業や金融機関は人権リスク把握のあり方を問われている。

（岡田広行）

技能実習制度の曲がり角

日本の産業が持つ技術や知識を開発途上国の人々に修得してもらう外国人技能実習制度。約38万人が国内で働く。政府は「途上国への貢献」をうたうが、海外からは「実質的な強制労働ではないか」と厳しい目が向けられる。労働実態を把握していない企業は今後、「人権リスク放置企業」と見なされかねない。

実習制度問題に詳しい識者はその懸念が顕在化したケースとして、2018年にカジュアル衣料大手・しまむらで起きた事例を挙げる。取引先の下請けである岐阜県の縫製会社が、実習生を違法労働させていた。12万～13万円と低い月給にもかかわらず、実習生の法定時間外残業と休日労働時間は月180時間に及んだ。仕事内容も「縫製の実習」のはずが、主な作業は服の仕分けと梱包という単純労働だった。

この縫製会社で扱われていた商品の中に、しまむらのものがあった。実習生から相談を受けた「ものづくり産業労働組合（ＪＡＭ）」の問い合わせで、しまむらは初めて実態を知った。前年には別の有名アパレル会社で同様の事例が発覚、一時はＳＮＳ（交流サイト）を通じた不買運動が起こった。

しまむらは問題発覚後、取引先に対し法令順守を要請するなどの改善策を取った。だがＪＡＭの小山正樹氏は、「取引先に対して強制労働の禁止などを求める『取引行動規範』の詳しい内容が非公表であり、対策についての透明性が欠けている」と話す。

ビジネスと人権への関心が高まる中、実習生の雇用状況を調査・公表する企業が増えてきた。次表では主な企業での調査事例をまとめている。

実習生の雇用状況を調査する大企業も
―主要企業の公表資料における技能実習生に関する記述―

アサヒグループHD

実習生が在籍するアサヒグループ食品岡山工場を対象に、NGOと労働実態調査および母国語による実習生へのヒアリングを実施

味の素

2019年度に、サプライヤーに対する技能実習制度のフォローアップおよび送り出し機関、監理団体への関わりを強化

伊藤忠商事

100%子会社の伊藤忠モードパルにおいて、国内の生産委託先である縫製工場211社に対し実態調査アンケートを行い、法令違反などがないことを確認

清水建設

実習生をはじめとする外国人労働者の人権リスクについて、2019年度に協力会社10社を調査。20年度には、改善などが求められる事項について協力会社向け専用サイトへの掲示や研修を通じて周知

ソニーグループ

日本のサプライヤー3工場を対象に、実習生の雇用プロセスを含む労働・安全衛生・サプライチェーン管理に関する現地訪問でのアセスメントおよびヒアリングを実施

帝人

実習生が自国で多額の手数料を負担して来日していることが子会社で判明。受け入れ工場が手数料を支払うことで実習生の負担をなくす「ゼロフィー・プロジェクト」を2019年度から開始

トヨタ自動車

グループ各社とその1次サプライヤーにまで及ぶ調査で実習生9100人の存在を確認。人権デューデリジェンスでは、実習生と「コバルト児童労働」を「重点的に予防すべきリスク」と位置づける

ミズノ

実習生を雇用する工場を対象にミズノのCSR担当者が監査員として訪問、CSR監査を実施

(注) HDはホールディングスの略
(出所) 各社の有価証券報告書や統合報告書、サステナビリティリポートなどを基に東洋経済作成

アサヒグループホールディングスもその1社。20年12月期の有価証券報告書で公表した。

岡山県にあるグループ会社の食品工場で働く実習生40人の実態調査を20年に初めて実施。職場や住環境などの状況を第三者機関とともに実習生の母国語で聴取した。大きな問題は見つからなかったが、実習生の相談窓口を設置するなどの改善策を取った。

調査の背景には、グローバル企業ならではの理由があった。事業地域である英国では、現代奴隷法が制定されている。同法は英国で事業を行う企業に対し、サプライチェーン上の人権侵害の有無について確認義務を課している。

その対応として、アサヒは国内外のサプライチェーン上の人権リスクを点検。日本国内の技能実習生の労働環境が強制労働リスクの1つに浮上したという。

実習制度問題に対し、より踏み込んだ対応を取る企業も出てきた。帝人の子会社で繊維原料などを扱う商社、帝人フロンティアだ。19年度から、実習生の負担を肩代わりする「ゼロフィー・プロジェクト」を開始した。

帝人が手数料にメス

ＩＬＯ（国際労働機関）の条約では、民間仲介業者が労働者から手数料などを徴収することを禁じている。だが実習生の多くは、母国の送り出し機関に手数料や保証金を支払わされている。それは時に現地の年収の数倍にも当たる金額に膨らむ。実習生は支払いのために借金を背負うことが多い。

帝人フロンティアが取り組みを始めたきっかけは、自社グループ工場で発生した実習生の失踪だった。実習生は実習期間中の転職が原則認められず、労働条件について声を上げづらい。途中で帰国すると多額の借金だけが残る。このような制約が失踪につながる。

取引先である米アウトドア用品メーカーのパタゴニアからは同時期に、実習生の手数料問題への対応を厳しく迫られていた。パタゴニアは取引先に移民労働者の搾取撤廃を求めており、その一環だった。帝人フロンティア環境安全・品質保証部の岡本真人氏は、「目の前で問題が起こり本気で取り組まなければと思った」と話す。

失踪事件を受けて16年に実習生に聞き取り調査をすると、自社グループで雇用する実習生の借金の状況がわかった。中国人実習生の約4割に、1人当たり3万~6万人民元（約50万~100万円）の借金があった。中には「来日後1年目の給与はすべて借金返済に充てている」というケースもあった。

ゼロフィー・プロジェクトでは、実習生の手数料を帝人フロンティアが負担する。保証金については、監理団体を通じて送り出し機関に「徴収すべきでない」と伝えた。協力姿勢を見せた監理団体は、1社のみだった。岡本氏は「企業が優良な監理団体を選べるよう、情報共有が必要だ」と感じている。

実習生を取り巻く問題は根深く、一企業で改善できることには限界がある。そのため、共同で取り組む動きも見られる。

「今われわれが襟を正さなければ、いずれ外国から労働者が来てくれなくなる」。大阪外食産業協会で副会長を務める井上泰弘氏は、そう危惧する。19年4月に外国人の単純労働を事実上認める「特定技能」が導入された。協会では、同制度が実習制度の二の舞いとならぬよう、人材紹介会社などに一定の基準を設けて法外な手数料を排除する認証制度をつくるなど、受け入れの適正化を進めている。

技能実習制度の問題に詳しい指宿（いぶすき）昭一弁護士は、「まず企業は現場で実習生の声を聴き、借金などの実態を確認するべきだ」としたうえで、「問題の改善が難しければ技能実習制度を使うべきではない」と指摘している。

（兵頭輝夏）

米国は「強制労働」と批判

解決には実習制度廃止しかない

国士舘大学文学部教授・鈴木江理子

数年前に開催された日本弁護士連合会の人権擁護大会シンポジウム。自民党の外国人労働者等特別委員長だった議員は、外国人技能実習制度を「黒いカラスを『白い』と言ってきた制度」と評した。正鵠を射た表現である。

技能実習制度の目的（建前）は、途上国への技能等の移転を通じた国際貢献であるが、前身の外国人研修制度から「研修に名を借りた就労」という批判があった。単純労働者は受け入れないとする1989年改定入管法の施行直後の90年8月、労働力不足に悩む中小零細企業への「救済策」として、「団体監理型」が導入された。

単独で海外から外国人を受け入れ、生活支援することが困難な事業所でも、事業協同組合などの監理団体を利用すれば受け入れが可能となったのだ。これこそが、後の技能実習生受け入れ拡大の端緒となったことは、実習生の9割以上が団体監理型であることを見れば明らかであろう。

■ 団体監理型での受け入れが拡大
—技能実習生受け入れ人数の推移—

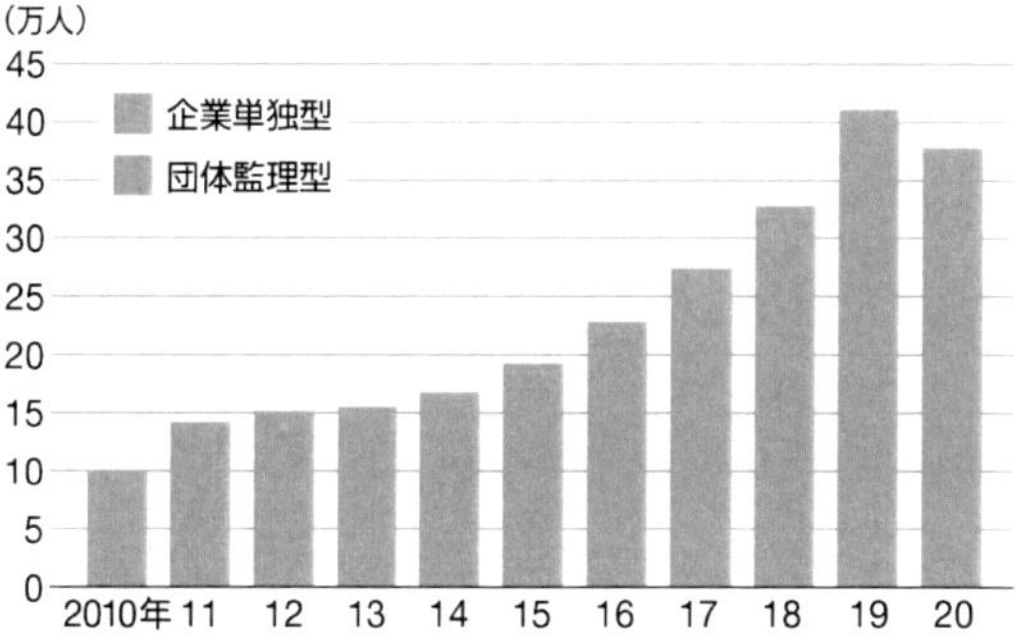

(注)数値は各年末時点 (出所)出入国在留管理庁の資料を基に筆者作成

その後、1993年の技能実習制度創設、実習実施期間の延長や受け入れ人数枠の拡大、移行対象職種の追加など、雇用主にとって都合のよい制度の改変が、法律ではなく省令や告示などで進められていく。それとともに、技能実習制度は安価な単純労働者の供給機能を高め、受け入れ人数は増加し、あらゆる職種における制度への「依存」が高まっている。

一方、1989年改定入管法で在留資格「研修」が新設されて以降、法律による制度の見直しは、2009年改定入管法と、16年の技能実習法制定（17年11月施行）の2回のみ。いずれも、不適切な制度利用の顕在化とそれへの批判に対して、制度の適正化と実習生の保護を目指すものであった。

09年の法改定のきっかけの1つは、米国務省の『人身取引年次報告書』の07年版における「強制労働」との指摘であったが、2度の制度見直し後の21年版でも同様の批判が続いている。

各地の労働基準監督機関が実習実施者（実習生を受け入れている事業所）に対して行う監督指導の結果を見ても、安全配慮義務違反など労働基準関係法令の違反率は

7割以上で推移している。受け入れ拡大の一方で、改善は遅々として進んでいないのだ。

制度に対する第1の批判は、労働者としての権利の侵害である。長時間労働、最低賃金を下回る賃金や賃金未払い、強制貯金、パワハラやセクハラなど法令違反のオンパレードといった事業所もある。

1年間の休みはわずか3日で、労働時間は1日平均12時間、その後に寮での内職が平均3時間。それでも手取りは月8万円程度という実習生に出会ったことがある。日本で働けば家族で幸せに暮らせると信じ、100万円近い借金を抱えて来日したが、日々の重労働と社長からのセクハラに耐え切れず、実習先の縫製工場を逃げ出した。「失踪者」というレッテルを貼られた彼女は、摘発におびえながらも「このままでは帰れない」と日本での就労を続けている。

第2の批判は、生活者としての権利の侵害である。カーテンで仕切られただけの「たこ部屋」のような寮を与えられ、無断外出禁止や厳しい門限、日本人との交流禁止などの行動制約が課せられ、事業所と寮を往復するだけの毎日を送っている実習生もいる。

彼・彼女らの日々の生活の楽しみや余暇などは、実習生を「労働力（商品）」としてしか捉えていない雇用主にとっては無駄でしかなく、切り捨てられるのだろう。妊娠した実習生に強制帰国か中絶かを迫る雇用主や監理団体の事例は、「人間」として受け入れていないことの証左であり、強制帰国を恐れた実習生による痛ましい事故や事件も報告されている。

第3の批判は、単純労働者の受け入れという「本音」と技能等の移転を通じた国際貢献という「建前」との乖離である。結果として技能などが移転されることがあったとしても、制度を利用する雇用主と技能実習生の一義的な目的は、労働力の交換である。団体監理型では、両者を仲介する監理団体と送り出し機関の存在が、強制労働や搾取の一因にもなっている。

コロナ禍で国境が封鎖され、実習生が新規に入国できなくなった。それにより農作物の収穫ができない、水産加工工場が稼働できない、介護の現場が回らないなどといった悲鳴を伝える報道は、実習生の労働力に頼ってきた産業界の実態を如実に示すものである。

改善の試みにも限界

国際貢献という美名は、劣悪な搾取的状況を構造的に温存する根拠にもなっている。認定された実習実施計画に基づいて実習を行う技能実習生には、労働者の基本的権利の1つである転職が認められていない。どんなに劣悪な実習先であっても、原則、転職の自由はない。来日時の借金や違約金などがあるため帰国もできない。強制帰国を恐れて、不満の声を上げることすら難しい。その結果、実習生は、事業所を脱出して「不法」に働くか、過酷な労働に耐え続けるかの二者択一に追い込まれるのだ。

一方、雇用主の側からすれば、制度上、一定期間の安定的な労働力確保が保障されているゆえに、労働条件や就労環境などを改善する必要に迫られることがない。激化するグローバルな価格競争の中、厳しいコスト削減を求められ、技能実習制度を「活用」することで、かろうじて事業を「延命」させている雇用主も少なくない。

このような技能実習生の状況を改善しようという試みもある。日本語教室をはじめとする市民団体や大学生などが、地域社会で孤立しがちな実習生に働きかけ、日本語学習や交流の機会を提供している事例も多い。自治体自らが実習生の生活支援や交流イベントを行っている事例もある。地域社会に開かれた実習生受け入れは、搾取的状況を監視・抑止する機能となりうる。

ビジネスと人権の視点から、企業が主体となり技能実習生の適正な処遇に向け監視・指導を行う取り組みも進みつつある。前述のとおり、実習生受け入れの主流は団体監理型で、重層的下請け構造の下位に位置づけられる事業所が多い。技能実習生を受け入れていない企業にとっても、サプライチェーンにおける不適切な受け入れはひとごとではなく、搾取的状況の改善は企業の社会的責任でもある。

■募集などを企業が自ら行う必要はない
—団体監理型の概要—

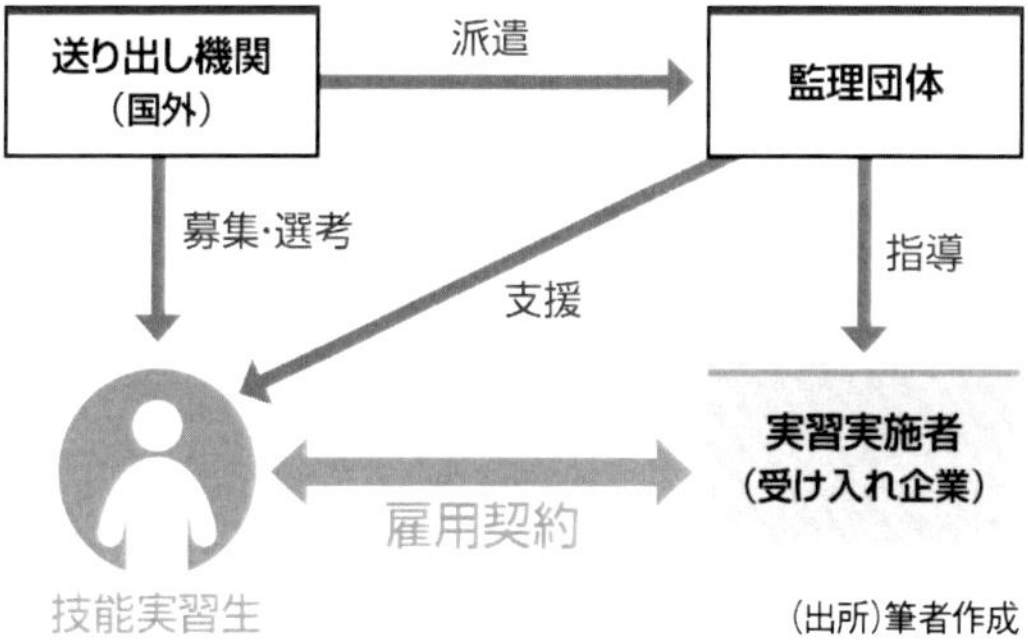

(出所)筆者作成

しかしながら、いくらこれらの試みが功を奏したとしても、制度の構造的問題である「黒いカラス」の是正は、民間の努力だけでは不可能である。解決策は、技能実習制度の廃止以外にない。廃止の決断が遅くなればなるほど、制度への「依存」が進行し、ますます廃止は難しくなるだろう。

残念ながら、移住労働者を搾取的に活用している事例は、他の先進諸国でも見られる。だが、国がつくった制度でこれほどの人権侵害が起きているにもかかわらず、小手先の見直しでごまかし、制度を維持・拡大し続けてきたことに対する政府の責任は極めて大きい。

早期の決断を期待したい。

鈴木江理子（すずき・えりこ）
一橋大学大学院博士後期課程修了。博士（社会学）。2015年から現職。移民政策、人口政策、労働政策などについて研究。最近の編著に『アンダーコロナの移民たち』（明石書店）。

利権まみれの技能実習制度

ジャーナリスト・出井康博

日本国内で働く外国人技能実習生は38万人近くに達し、人手不足の職種では欠かせない労働力だ。その一方で、技能実習制度（実習制度）には批判も多い。「実習生とは名ばかりで、外国人単純労働者受け入れの抜け道に使われている」「悪質業者の中間搾取がひどい」「実習生の人権を侵害するブラック企業が多い」などだ。

新聞やテレビでは、そんな批判が盛んになされる。しかし同様の指摘は、筆者が実習生問題の取材を始めた2007年ごろからあった。最近も米国務省が実習制度を「人身売買」と非難したことがニュースになったが、少なくとも07年以降、同省の年次「人身取引報告書」では毎回、言及されてきた。

にもかかわらず、なぜ実習制度は存続しているのか。問題の本質は、悪質業者をはじめとする「ブラック企業問題」なのか。実習制度の廃止を主張する有識者も増えているが、廃止さえすれば問題は解決するのだろうか。

実習制度を象徴する存在がベトナム人だ。ベトナム人実習生は約21万人を数え、実習生全体の半数以上を占める。一方、職場からの失踪や犯罪などが問題になっている。

■ **技能実習生の過半はベトナム人**
—技能実習生の出身国—

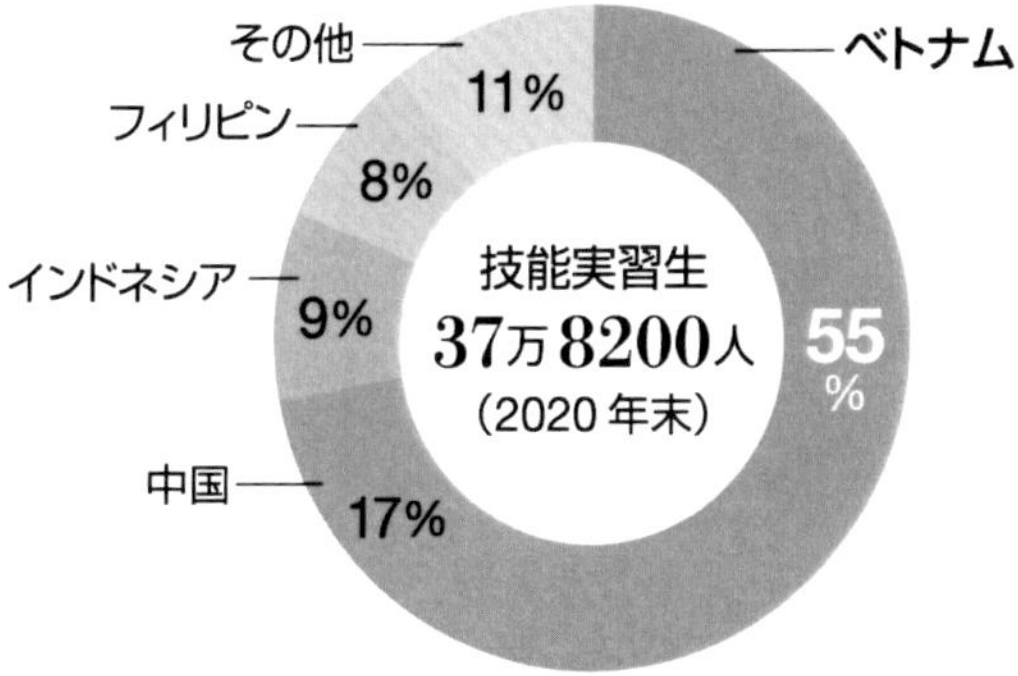

（出所）出入国在留管理庁の資料を基に東洋経済作成

2020年、そんなベトナム人実習生に対する日本政府のスタンスを物語る政策があった。新型コロナの感染拡大が収束に向かいかけた夏以降、「国際的な人の往来再開に向けた段階的措置」として実施された、外国人を対象にした入国制限の緩和措置である。

この緩和措置に関し、大手メディアは「中韓を含む11カ国・地域からビジネス関係者などの入国を受け入れている仕組み」(21年1月7日、朝日新聞電子版)などと解説した。まるで中国や韓国のビジネスパーソンたちを受け入れるかの印象を受けるが、実際は違う。

コロナ規制緩和で入国

出入国在留管理庁が公開したデータを筆者が集計したところ、20年11月初めから2度目の緊急事態宣言で緩和措置が停止される21年1月までの間に、この措置で入国した外国人は12万8625人。そのうち実習生が5万5754人、留学生が3万8565人と、両者で全体の7割以上を占めていた。

国籍別で最も多いのがベトナム人の4万9106人である。うち実習生が3万

2305人だ。とりわけ緩和措置が停止される21年1月21日までの4日間では6352人がまるで駆け込むように来日、同時期に入国した外国人の6割以上に達した。緩和の目的が、ベトナム人実習生をはじめとする出稼ぎ労働者の受け入れであったことは明らかだ。

なぜ、政府は国民の目を欺いてまでベトナム人実習生を受け入れたかったのか。筆者はある政治家の存在が影響したのではないかとみる。自民党きっての実力者、二階俊博・自民党幹事長だ。

日本ベトナム友好議員連盟会長を務める二階氏は、日越関係に最も影響力を持つ日本の政治家である。同時に、同連盟元会長の武部勤・元自民党幹事長が代表を務める実習生監理団体の「特別顧問」も務めるなど、実習生の受け入れ側とも関係が深い。監理団体は実習生を企業などに仲介する業者で、来日する実習生が増えればそのぶん収益も上がる。

その二階氏はコロナ禍前の20年1月、旅行・観光業界関係者らからなる1000人以上の大訪問団で訪越し、グエン・スアン・フック首相（当時、現国家主席）と会談した。その際、「日本でのベトナム人の就労拡大」や「両国政府が悪質業者を徹底的に排除すること」で合意したと語っている。

その後、コロナ禍の影響で実習生の受け入れはいったん止まったが、入国制限の緩和によって再開する。二階氏がフック首相と合意した「ベトナム人の就労拡大」も早速実現したわけだ。では、もう1つの「悪質業者の排除」はどうか。

悪質業者としてやり玉に挙がるのが、ベトナムの送り出し業者（機関）だ。ベトナム政府は送り出し業者が実習生から徴収する手数料の上限を「3600ドル（約40万円）」と定めているが、まったく守られていない。ほかの国の送り出し業者の手数料相場を大幅に上回る100万円前後を取るケースが一般的だ。こうした多額の手数料が、ベトナムの業者が「悪質」とされる根拠になっている。

日本での実習希望者はベトナムでも貧しい層の若者なので、手数料は借金で賄うしかない。その後、来日して働いても賃金が安くなかなか借金が減らない。そこで職場から逃げ、より稼ごうと不法就労に走るという悪循環が生まれる。

日本側も表面上は、「悪質業者の排除」に乗り出している。21年6月には、出入国在留管理庁がベトナムにある実習生送り出し業者4社からの人材受け入れを一時停止すると発表した。4社が日本へ送った実習生に失踪者が多かったのだという。

しかし、ベトナムには483もの業者がある。4社だけの処分に意味はあるのか。ハノイの大手送り出し業者で働く旧知のベトナム人幹部に尋ねると、こんな答えが返ってきた。

「意味がない。大手業者は10~20ほど別会社がある。1社が処分されても、別会社から実習生を送り出せばいい。そもそも処分を受けた業者だけが特別に高い手数料を取っていたわけでもない」

処分は、「悪質業者の排除」を実施したとのアリバイ作りにすぎないのである。

ベトナム人幹部はこう続ける。

「送り出し業者が日本で悪く言われていることは知っている。しかし手数料が増えるのは、キックバックと賄賂のせいだ」

ベトナムでは実習希望者が多く、日本側にとっては買い手市場だ。そのため送り出し業者から日本側の監理団体へのキックバックが横行する。職種によってキックバックの額は異なるが、実習生に人気の食品加工で1人の受け入れにつき20万~25万円、仕事がきつい建設で5万円といったレートが定着しているのだという。

「コロナ禍の前、私はたびたび日本へ行って監理団体に実習生を売り込む営業をしていた。その際、決まって尋ねられるのが、『いくらキックバックを払えるのか』。95％の団体はキックバックを要求してくる。日本の担当者がベトナムを訪れれば、さまざまな接待をするのが慣例になっている」

キックバックは現金で手渡しされるので、表には出ない。その出どころは実習生が背負う借金だ。「悪質業者」がベトナム側だけの問題ではないことがわかってもらえるだろう。

加えて、ベトナム人実習生の手数料が膨らむ原因がもう1つある。ベトナム政府関係者に支払われる賄賂である。

汚職がはびこるベトナム

実習生の送り出しビジネスには、ベトナム政府の認可が必要だ。その許認可権が関係者の利権となる。前出の業者幹部が言う。

「（許認可権を握るベトナム労働・傷病兵・社会省）海外労働管理局の担当者への賄賂や接待で、うちの会社が認可されるまで、日本円換算で１０００万円以上は使った。しかも賄賂は認可が取れて終わりではない。その後も、テト（旧正月）や担当者の奥さんの誕生日など、何か祝い事があるたびに5万〜１０万円の賄賂を渡さなければならない」

ベトナムは賄賂と汚職がはびこる国だ。共産党の一党独裁の下、強大な権限を持つ公務員の汚職はとりわけひどい。金が動くところには必ず官僚の利権が生じる。そして実習生など日本への出稼ぎ労働者の送り出しは、ベトナムでは一大産業と呼べる規模になっている。

そうした事情は日本側も十分わかっている。しかし実習生の数を確保したいため、ベトナム政府に強く出ず、しかも裏で利権のおこぼれにあずかろうとする。そして問題を悪質業者に矮小化し、対策を取っているかのように見せかけているのだ。

では、実習制度を廃止すれば問題は解決するのか。筆者はそうは思わない。

実習生以外にも、一定レベルの日本語を習得したベトナム人は「特定技能」という資格で日本で働ける。しかし特定技能にしろ、ベトナム政府の利権となってしまえば実習生の二の舞いとなる。

同じ実習生でもフィリピン人の場合、来日時に大きな借金を背負うようなことはない。だからベトナム人とは違い、失踪や犯罪もあまり起きない。

制度の看板をすげ替えただけでは意味はない。重要なのは金銭的な負担なく人材が来日できる仕組みである。日本はベトナムに対し、最低でも実習生が負担する「3600ドル」という手数料の上限が順守されるよう要求すべきだ。

守られないのであれば、ベトナムからの実習生の受け入れを一時全面的に停止する。長期的に見れば、それは実習生たち自身、また日本とベトナムの関係においても好ましいはずだ。

出井康博（いでい・やすひろ）
英字紙「日経ウイークリー」記者などを経てフリーに。外国人労働者や実習制度に詳しい。著書に『移民クライシス　偽装留学生、奴隷労働の最前線』など。

高額手数料で借金　低賃金や重労働で失踪

外国人技能実習生の半数以上を占めるのがベトナム人だ。その受け入れ現場では何が起き、実習生はどんな生活を送っているのか。得意の日本語を生かし、首都圏の監理団体で働くベトナム人スタッフのジャンさん（28）に話を聞いた。

うちの組合（監理団体）では、ベトナム人を中心に約500人の実習生を建設業界などにあっせんしています。雇用主の企業は、実習生1人につき毎月5万円の監理費を組合に支払う契約です。実習生500人で、組合は月2500万円の収入です。監理団体は「営利を目的としない法人」とされていますが、あっせんはもちろん営利目的で、規模が大きくなればそれだけ儲かるビジネスです。

私の仕事は、企業を巡回し、企業と実習生双方からの相談に乗ることです。現在、新型コロナの影響で実習生の新規入国は止まっていますが、むしろ仕事は忙しい。というのも、コロナに感染する実習生が相次いでいるからです。私が担当する約60人のベトナム人実習生も、2021年5月以降だけで15人ほどが感染した。

実習生は日本語が上達していません。発熱などの症状があると、私から保健所に連絡し、指示を実習生や企業に伝えます。当初は実習生に付き添い、病院まで行ったこともあった。しかし私も感染が怖いので、今は保健所の指示があれば、救急車を呼んで搬送してもらうようにしています。

パーティーでコロナ感染

実習生の感染が多いのは生活態度の影響です。彼らはベトナムの家族や友達と離れ、寂しい思いを抱えている。そのため休みの日などにベトナム人同士で集まり、パーティーをして気を紛らわせる。そうした場で感染が広がるのです。

ベトナム人経営のカラオケバーには、緊急事態宣言下でも朝まで営業している店がある。そんな店で先日、担当の実習生が警察に連行されたこともありました。警察が違法薬物の捜査で店に踏み込み、実習生も任意同行を求められたのです。実習生は尿検査で「シロ」となって釈放されましたが、店にいた何人かのベトナム人は薬物所持で捕まったようです。

テレビなどでは「就労先で人権侵害に遭ったかわいそうな実習生」の話がよく取り上げられます。職場から失踪するのも悪い会社のせいだ、と。でも実習生への暴力や、残業代未払いなどのある会社は、私の知る限りありません。

建設業界には、言葉遣いが荒っぽい人も多いです。入れ墨のある人も普通にいて、私も最初は怖かった。しかし実際に付き合ってみると、大半はいい人たちです。実習生の寮に「いっぱい食べろ」とおコメを差し入れてくれるような社長さんもいる。

そんな社長さんだって、何度注意しても実習生が夜遊びをやめず、コロナに感染したとなれば、さすがに怒ります。感染者が出れば、会社ごと仕事先の現場から締め出されてしまいますからね。

同時に3人の実習生が感染したため、寮からの外出禁止を言い渡した社長さんがいました。実習生たちは私に連絡してきて、「日本人は自由に生活しているのに、なぜベトナム人は外出禁止なのか?」と問い詰める。彼らの気持ちもわかります。だけど素行に問題のある実習生も少なくない。

組合は企業に対し、実習生を「優秀な人材です」と売り込みます。私も企業に営業するときにはそう言いますが、本心ではない。優秀なベトナム人は、実習生や留学生として日本にはやってきません。ベトナムより稼げるといっても、日本でやる仕事は低賃金の重労働だと知れ渡っていますから。

日本に来るためには、多額の手数料が必要です。建設業の場合、送り出し業者への手数料はほかの職種に比べて少ないのですが、それでも最低50万円以上、多くが100万円近く払っています。

大きな借金までして日本へ行こうという人は、ホーチミンやハノイといった大都市にはまずいない。実習生たちはタインホアやゲアン、ハティンなどベトナム中部の貧しい省の出身者が中心です。学歴もなく、現地で仕事が見つからない若者が出稼ぎを希望する。

企業は実習生を最低賃金で雇えます。実習生の月収は寮費などを差し引くと手取りで10万円ほどです。仕事もきついので、楽をしてもっと稼ごうと失踪して不法就労する実習生が現れる。失踪は人権侵害が原因ではなく、低賃金や仕事に音を上げてのことなのです。

建設業の場合、頑張って仕事を覚えれば給料は上がります。2年目以降は残業代を含めると月15万円以上もらっている実習生もいる。遊びに行かず、自炊していれば、月10万円は貯金できます。

違法薬物やギャンブル

しかし誘惑に負けてしまう実習生が多い。夜遊びもそうですが、ベトナム人の間では、違法な薬物やギャンブルが広まっている。薬物などはベトナムでも大きな社会問題になっていて、悪い習慣が日本に持ち込まれているのです。

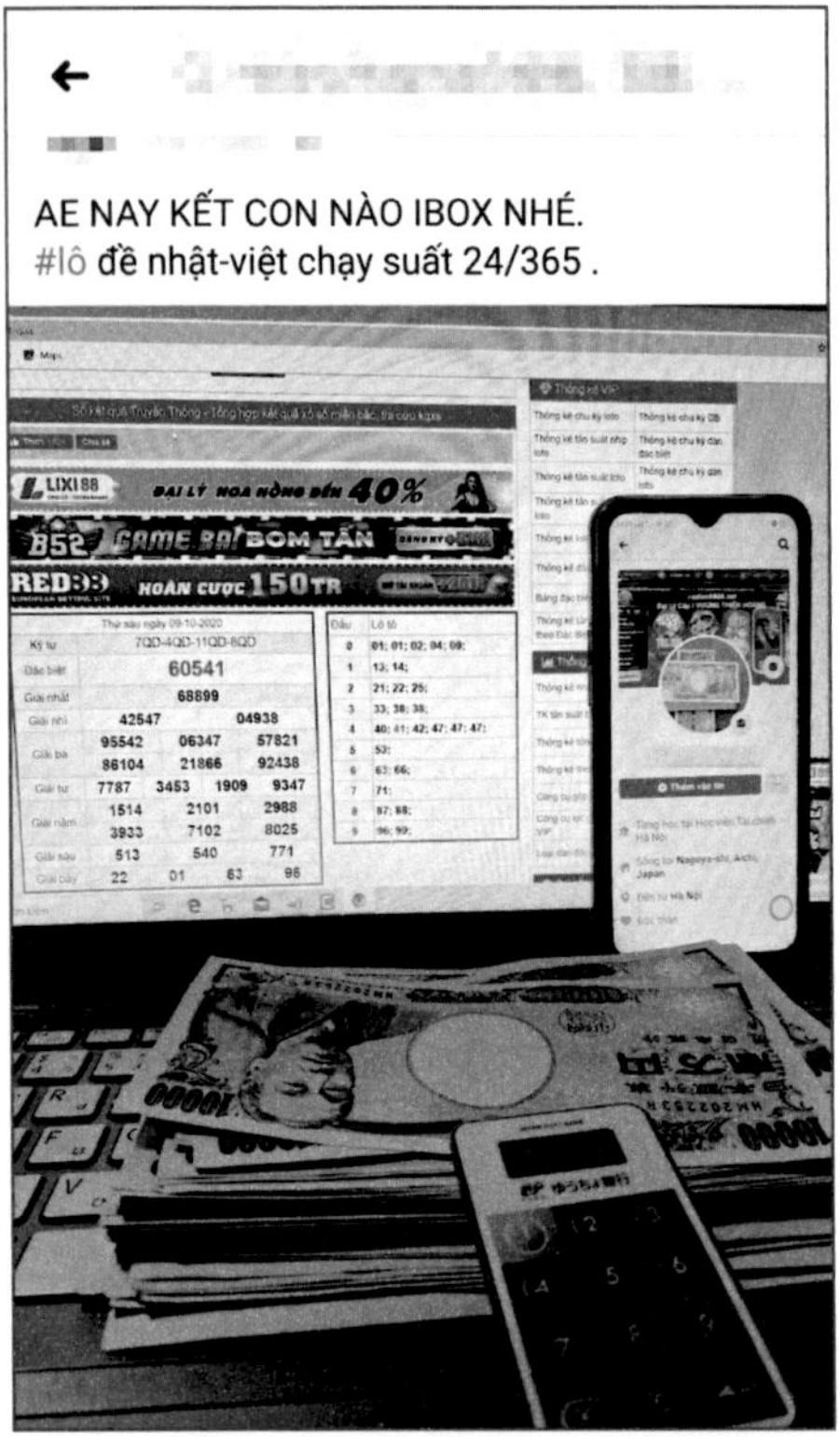

ベトナム人実習生の間では違法ギャンブルが流行している。SNSに投稿された「闇くじ」の勧誘

コロナでベトナム経済も大打撃を受けていることもあり、日本での出稼ぎを希望するベトナム人はたくさんいます。日本が実習生の受け入れを再開すれば、以前のようにベトナム人たちが押し寄せてくるでしょう。そして企業もベトナム人たちを求めている。ただし、ベトナム人犯罪の多発が問題になっているように人材の質は今後も低下していくに違いありません。

それでも日本はベトナム人頼みを続けるのか。私の立場で言うのもおかしいですが、真剣に考える時だと思いますよ。

（ジャーナリスト・出井康博）

「帰国措置」は適切だったのか

「まったく納得できなかった。多額のお金をかけて日本に来たのに帰らなければならないのなら日本で死んだほうがマシだと思った」。そう当時を振り返るのはカンボジア人元技能実習生のAさんだ。日本で働けば、高収入を得て家族を養える。そう夢見た彼女は6000米ドル（70万円弱）の借金をした。カンボジアでの研修を経て、2015年10月に来日し、食品工場で働き出した。

勤務先（実習先）は、ファミリーマートやスターバックス コーヒー ジャパン向けに弁当やサンドイッチを生産するトオカツフーズ（本社・横浜市）の山北工場（神奈川県山北町）だ。同社にはパートを含め約3800人の従業員がいるが、技能実習生は21年6月末時点で500人が働いている。安価で品質の高い食品の製造の一端を、こうした技能実習生が支えている。

Aさんらを支援する「総合サポートユニオン」によると、帰国の経緯は次のとおりだ。2016年5月、Aさんが夜勤明けに寮で過ごしていたところ、実習生の監理団体である「全国中小事業協同組合」と、送り出し機関である「ジェイ・シー・アイ」所属の数人が現れ、「試験に落ちたのでカンボジアに帰らなければならない」と告げられ、そのまま車で成田空港に連れていかれた。空港では搭乗口近くまで付き添われ、そのまま飛行機に乗せられた。カンボジアの首都・プノンペンに到着したとき、「家族に合わせる顔がない」とAさんは途方に暮れたという。

空港への道中ではパスポートや在留カードを取り上げられた状態で、「(車が)空港に行くとは聞いておらず、だまされて無理やり乗せられた」(Aさん)という。

Aさんやユニオン側の主張どおりなら、まさに「強制帰国」ということになる。同時期に帰国させられた実習生は8人おり、そのうち7人がユニオンに加入してトオカツフーズなどと団体交渉を続けている。

■ **技能実習生の雇用主はトオカツフーズ** —制度では関係者が複雑に入り組む—

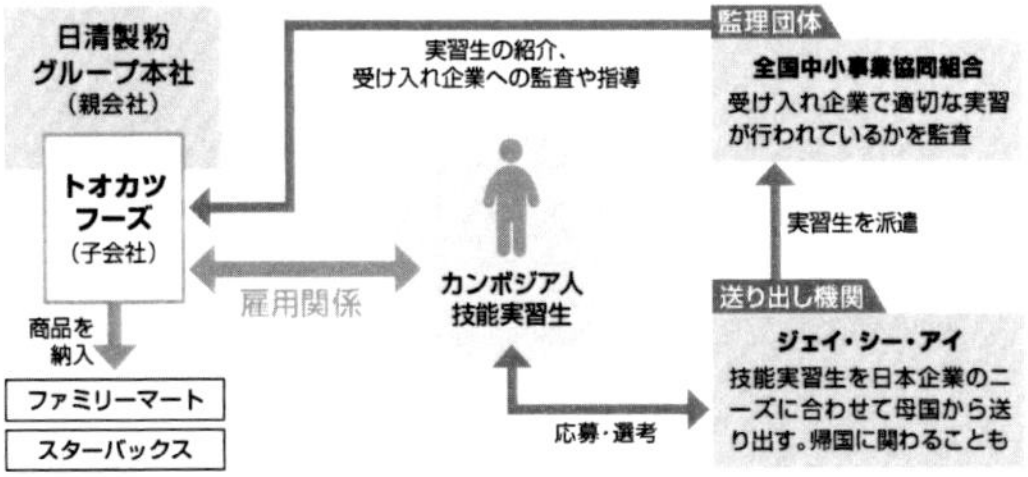

実習生はなぜ、帰国しなければならなかったのか。

トオカツフーズの親会社である日清製粉グループ本社の広報部は、「日本での実習には元実習生たちの母国語であるクメール語の読み書きができることが必須だが、工場での実習中にできないことが発覚したため実習中止に踏み切った」と説明する。また、元実習生の帰国については監理団体や送り出し機関が対応しており、問題はなかったとの立場だ。

確かに元実習生の読み書きのレベルにはばらつきがあり不得手な人もいたとユニオンは説明する。トオカツフーズは中学校卒業を受け入れ条件としていたが、卒業していなかった可能性もある。

だが、むしろ重要なのはユニオン側が主張するように元実習生の同意なしに帰国させるという人権侵害があったのか否かであろう。

現在、団体交渉を行っている7人の元実習生のうち、帰国同意書にサインしていたのは4人いる。だからといって、4人が同意したとは判断できない。同意書を取る際に、詳細な説明があったかや威圧的な言動がなかったかなど、詳しい状況が不明だからだ。しかも3人については同意書すらない。

日清製粉Gの増島直人総務本部長は「きちんと（口頭で）説明して同意をいただいた」と強調する。同社は21年8月、「外部の弁護士による調査でも人権侵害や違法行為はなかったと報告を受けた」と公表した。

Aさんのケースを含め性急に映る帰国スケジュールについても、本人の同意を得たうえであり、実習生の失踪リスクを踏まえればやむをえないとの認識を示している。

取引先はどう動いたか

トオカツフーズとの団体交渉が平行線をたどっていることから、ユニオンは同社と取引関係にある企業への働きかけを進めた。ユニオンの佐藤学氏は「（技能実習生をめぐる問題の）背景には下請けにシワ寄せがいく社会構造がある。発注元の責任も問われるべきだ」と主張する。

トオカツフーズの主要な取引先であるファミリーマートは「人権方針」、スターバックスも「サプライヤー行動規範」を定めている。スターバックスは一度だけユニオン側と面談したが、ファミリーマートは面談に応じていない。

スターバックスは独自に弁護士による調査を行い、「法的な問題は確認されなかった」とする。ファミリーマートもトオカツフーズへの監査などを実施した。ファミリーマートは、そこでは大きな問題が見つからなかったとし、さらに日清製粉Gの弁護士報告書などを確認して、「問題は確認されていない」との認識を示している。

ただし疑問も残る。この2社がどんな調査を行ったのか、具体的にわからないからだ。こうした調査では、誰がどんな人物に、どのような調査手法を用いたかが重要だ。弁護士であっても、人権問題に通じていなければ、中身のある調査をすることは難しいだろう。

しかも、当事者双方の主張を聞くのが基本だが、調査に関連して「先方から話を聞きたいという話はなかった」(佐藤氏)という。

監理団体の小原英行理事は、この問題についてファミリーマートなどから問い合わせはあったのかとの取材に対し、「私どもにはない。トオカツフーズだけだ」と話す。スターバックスは「トオカツフーズを通じて監理団体や送り出し機関の情報を収集した」としており、直接には確認していないことを認めている。これではファミリーマートやスターバックスがどこまで本気でこの件を調査する気だったのか疑問が残る。

しかも監理団体は、「強制帰国はなかったが、同意を得るプロセスに反省点はあった」として、元実習生たちに解決金を払う方向で話を進めている。

つまり当の監理団体が「元実習生にも不本意な部分があったのだろう」（小原理事）と問題の一部を認めているのに、トオカツフーズをはじめ各社が「問題は確認されなかった」と口をそろえる奇妙な状態が続いている。

技能実習生問題に詳しい指宿昭一弁護士は「企業の広大なサプライチェーン上のどこかで人権上の問題は起きうる。そのことを真摯に受け止めて改善するか否かが重要だ」と指摘する。

夜勤明けの実習生を空港に連れていき、そのまま帰国させることが適切だったのかどうか。

ユニオンと監理団体の団体交渉が進む一方で、対応を問われた3社は問題なしの立場を崩していない。人権に関する指針が形骸化していないかが問われている。

（大塚隆史）

新聞が報じない「偽装留学生」

日本で最も人権が守られていない外国人は誰か。それは出稼ぎ目的で、留学を装いアジア新興国から来日する「偽装留学生」たちである。

留学生は「週28時間以内」の就労が認められている。そこに目をつけ、偽装留学生は「留学」を出稼ぎに利用しようとする。だが、逆に日本で都合よく利用され、さまざまな人権侵害を受ける。その状況は外国人技能実習生よりもずっと悲惨だ。

留学生は2012年末の18万0919人から19年末の34万5791人へと、2倍近くに増えた。政府の「留学生30万人計画」によって、アジアの留学生が急増したからだ。ベトナム人留学生は8811人が7万9292人と約9倍に、ネパール人留学生は4793人から2万9417人と約6倍になった。その多くは偽装留学生である。

日本への留学には、日本語学校の初年度分の学費や寮費、留学あっせん業者への手数料などで150万円前後が必要となる。その費用を偽装留学生たちは借金して来日する。

留学費用を借金に頼るような外国人は、本来、留学ビザの発給対象とならない。だが、その原則を守っていては留学生は増えず、30万人計画も達成できない。そこで政府は原則をねじ曲げ、ビザの大盤振る舞いを続けてきた。からくりはこうだ。

新興国の留学希望者は経済力があることを示すため、ビザ申請時に親の年収と預金残高の証明書を準備しなければならない。その証明書を彼らは捏造する。あっせん業者経由で、行政機関や銀行の担当者に賄賂を払い、年収額などを実際よりも多くでっち上げてもらうのだ。新興国では金さえ払えば、行政機関であろうと捏造書類は簡単に作ってくれる。

証明書はあっせん業者から入学先となる日本語学校へ送られた後、学校が出入国在留管理局（入管）へ提出する。そして入管に加え、留学生の母国にある在外公館の審査を経て、ビザが発給される。

年収30万円にも満たないベトナムの農民の年収が「300万円」と記されているのだから、捏造を疑って当然だ。しかし入管や在外公館は30万人計画達成のため、日本語学校は営利目的のため、捏造に目をつぶって偽装留学生を受け入れ続けてきた。

来日後、偽装留学生はアルバイトに明け暮れる。日本語が不自由であっても仕事は見つかる。典型的なアルバイト先が、コンビニやスーパーで売られる弁当や総菜の製造工場、宅配便の仕分け現場などだ。いずれも最低賃金レベルの仕事で、留学生たちは日本人の嫌がる夜勤をもいとわない。企業にとっては大助かりである。

ただし、「週28時間以内」のアルバイトでは月収は10万円少々にしかならない。借金を返済し、翌年分の学費まで貯めることは難しい。だから偽装留学生はアルバイトをかけ持ちして、法定上限を超えて働くしかない。

留学生や労働問題に詳しい有識者たちは、出稼ぎ目的で来日して違法就労する留学生など「ごく一部にすぎない」と口をそろえる。本当にそうなのか。

興味深い政府のデータがある。出入国在留管理庁「在留外国人統計」では、

2020年末時点でベトナム人留学生は6万5653人だった。一方、厚生労働省『外国人雇用状況』の届出状況まとめ」によれば、20年10月時点で12万7512人のベトナム人留学生が国内で就労している。2つのデータには2カ月のタイムラグこそあるが、実数の1・94倍ものベトナム人留学生が働いている。ベトナム人と同様、偽装留学生が多いネパール人の場合も1・91倍だ。これは1人の留学生が、平均で2つのアルバイトをしていることを意味している。

1つのアルバイトで週28時間いっぱいまで働いているとは限らないが、留学生はたいてい上限近く働く。違法就労している留学生は、決して「ごく一部」ではない。

偽装留学生の流入で、最も恩恵を受けたのが日本語学校業界だ。19年末時点で日本語学校は800校近くにまで増え、過去10年間で倍増した。その中には教育機関とは到底呼べない学校があまりにも多い。留学生を増やし、収益を上げることにしか関心がないのだ。

日本語学校は学費の滞納と留学生の失踪を恐れる。とりわけ学校から失踪し、不法残留する留学生が増えれば、入管当局に責任を問われ、新入生の受け入れに支障が出る。そのため学費を滞納するような留学生は、失踪される前に退学にして縁を切る。留学生の身柄を拘束し、空港まで連れていき強制的に母国へ送り返すことも日常茶飯事だ。

筆者が最近取材したある大手日本語学校では、留学生の進学や就職に必要な「出席・成績証明書」「卒業証明書」の発行を拒み、系列の専門学校への内部進学を強要していた。内部進学させれば、引き続き学費を取れるからだ。結果、多くの留学生が希望の進路を断たれた。日本人の学生には起きえないこんなことも、留学生には当たり前のように起きている。

報じられない理由とは

留学生の住環境もひどい。技能実習生の場合、受け入れ先の企業は「1部屋2人以下」の住居を提供するよう法律で定められている。だが留学生の寮には規定がない。

私が実際に取材した事例には、1部屋に2段ベッドを4つ並べて7人の留学生を詰め込んでいたり、3DKの一軒家に20人以上も入居させていた日本語学校があった。留学生から1人月3万円もの寮費をぼったくってのことだ。

こうした扱いを受けても、偽装留学生たちは声を上げようとしない。彼らには「週28時間以内」を超える違法就労への後ろめたさがある。声を上げた結果、入管や日本語学校によって強制送還されることが怖いのだ。

就労を目的にした偽装留学生は、狭い部屋にすし詰めで住む。コロナ禍でも密な環境だ

撮影：取材先関係者

大手メディアが取り上げ追及すべき問題である。しかし、実習生については頻繁に報じる新聞なども留学生にはまったく触れない。それは、なぜか。

都市部の新聞配達現場は日本人の働き手不足が著しく、留学生のアルバイトなしでは成り立たない。そして配達現場では、多くの留学生たちが「週28時間以内」を超える違法就労を強いられている。しかも残業代すら支払われない。残業代を払えば、新聞販売店が違法就労を認めたことになるからだ。

この問題に関し、筆者は数年前から繰り返し指摘しているが、現在まで変わらない。新聞社は「販売店で起きている問題」という立場だ。一方で、偽装留学生問題に無視を決め込む。紙面で取り上げれば、自らの配達現場に火の粉が及ぶと恐れているのだ。結果、留学生たちの実態も世に知られない。

偽装留学生の問題には、彼らを一方的に「被害者」と呼べない複雑さがある。捏造書類を使ってビザを取得し日本で違法就労する点で、留学生たちは罪を犯している。そこに付け込まれ、食い物にされてしまうのだ。

最近になって、コロナ禍でアルバイトを切られ、学費も払えず行き場を失う偽装留学生が増えている。彼らの不幸の責任は、いったい誰にあるのだろうか。

（ジャーナリスト・出井康博）

【週刊東洋経済】

本書は、東洋経済新報社『週刊東洋経済』2021年9月25日号より抜粋、加筆修正のうえ制作しています。この記事が完全収録された底本をはじめ、雑誌バックナンバーは小社ホームページからもお求めいただけます。

小社では、『週刊東洋経済eビジネス新書』シリーズをはじめ、このほかにも多数の電子書籍ラインナップをそろえております。ぜひストアにて「東洋経済」で検索してみてください。

『週刊東洋経済eビジネス新書』シリーズ

No.367 おうちで稼ぐ!

No.368 老後マネーの育て方

No.369 製薬 大リストラ

No.370 リスクシナリオ 2021

No.371 富裕層マル秘マネー学

No.372　コロナ時代の新住宅事情
No.373　日立・三菱重工の岐路
No.374　脱炭素サバイバル
No.375　郵政崩壊
No.376　脱・ストレスの処方箋
No.377　働き方と経営の法律
No.378　コロナ倒産危機
No.379　車載半導体　争奪戦
No.380　マルクス　vs.　ケインズ
No.381　医療テック最前線
No.382　漂流する東芝
No.383　不動産投資　光と影
No.384　コンサル全解明
No.385　大転換の商社ビジネス

No.386　会社とジェンダー
No.387　全解明　経済安全保障
No.388　ソニー　掛け算の経営
No.389　２０５０年の中国〔前編〕
No.390　２０５０年の中国〔後編〕
No.391　相続の新常識
No.392　無敵の文章術
No.393　物流　頂上決戦
No.394　すごいベンチャー２０２１〔前編〕
No.395　すごいベンチャー２０２１〔後編〕
No.396　米国株　超入門

週刊東洋経済eビジネス新書　No.397
ビジネスと人権

【本誌（底本）】
編集局　兵頭輝夏、大塚隆史、緒方欽一、長谷川　隆
デザイン　藤本麻衣
進行管理　三隅多香子
発行日　2021年9月25日

【電子版】
編集制作　塚田由紀夫、長谷川　隆
デザイン　市川和代
制作協力　丸井工文社
発行日　2022年7月28日　Ver.1

発行所　〒103-8345
東京都中央区日本橋本石町1-2-1
東洋経済新報社
電話　東洋経済コールセンター
03（6386）1040
https://toyokeizai.net/
発行人　駒橋憲一

本書に掲載している記事、写真、図表、データ等は、著作権法や不正競争防止法をはじめとする各種法律で保護されています。当社の許諾を得ることなく、本誌の全部または一部を、複製、翻案、公衆送信する等の利用はできません。

もしこれらに違反した場合、たとえそれが軽微な利用であったとしても、当社の利益を不当に害する行為として損害賠償その他の法的措置を講ずることがありますのでご注意ください。本誌の利用をご希望の場合は、事前に当社（TEL：03-6386-1040もしくは当社ホームページの「転載申請入力フォーム」）までお問い合わせください。

※本刊行物は、電子書籍版に基づいてプリントオンデマンド版として作成されたものです。